Für Mutter

SKV-EDITION

Vorwort

Mutter und Kind verbindet ein besonderes Band. Es ist ein Band der Liebe, aus Nähe und Vertrauen geknüpft, doch es muss gelegentlich auch viel aushalten können. In guten wie in schweren Zeiten bleiben wir miteinander verbunden. Danke, dass du immer für mich da bist!

Leben lebt allein durch die Liebe.

Clemens Brentano

Die großen Gedanken kommen aus dem Herzen.

Vauvenargues

Nichts auf der Welt geht über ein Herz, von dem man mit Gewissheit weiß, dass es einzig und unwandelbar an uns hängt und keine Faser Falschheit und Eigensucht hat.

Adalbert Stifter

Eigennützige Liebe ist ein Widerspruch.

Jean Paul

So weich und warm
hegt dich kein Arm,
wie dich der Mutter Arm umfängt.
Nie findest du
so süße Ruh,
als wenn dein Aug an ihrem hängt.

Paul Heyse

9

Nicht da ist man daheim, wo man seinen Wohnsitz hat, sondern wo man verstanden wird.

Christian Morgenstern

Ohne Herzen gibt es kein Zuhause.

Lord Byron

11

Wenn meine Mutter lächelte, wurde ihr schönes Gesicht noch unvergleichlich viel schöner und alles ringsum erschien heiter und froh. Wenn ich in schweren Stunden meines Lebens nur für einen Augenblick dieses Lächeln sehen könnte, dann wüsste ich nicht, was Kummer ist.

Leo Tolstoi

Wir lernen nur von denen, die wir lieben.

Johann Wolfgang von Goethe

Erziehung ist Beispiel und Liebe, sonst nichts.

F. W. A. Fröbel

15

Ich bin mit meinen Gedanken so oft bei dir. Ich lerne dich mehr und mehr verstehen.
Ich ahne dich. Wenn meine Gedanken bei dir sind, dann ist es, als ob mein kleiner, unruhiger Mensch sich an etwas Festem, Unerschütterlichem festhält.

Paula Modersohn-Becker an ihre Mutter

Alles andere ist klein gegen die Liebe.

Clemens Brentano

Wenn du geliebt wirst, liebe und sei liebenswert.

Benjamin Franklin

Mai

Die Kinder haben die Veilchen gepflückt,
all, all, die da blühten am Mühlengraben.
Der Lenz ist da; sie wollen ihn fest
in ihren kleinen Fäusten haben.

Theodor Storm

An Kindern hängt voll Liebe jedes Elternherz.

Euripides

Was ist denn alle Mutter- und Vaterschaft anders als ein – Helfen!
Als wunderreichste, geheimnisvollste Hilfe!

Christian Morgenstern

23

Mensch, du flieh mit deinem Schmerz
an die heimatliche Stelle,
an des Trostes reinste Quelle,
flüchte an das Mutterherz.

Nikolaus Lenau

Die Liebe ist ein Stoff, den die Natur gewebt und die Phantasie bestickt hat.

Voltaire

Das Glück ist nur die Liebe, die Liebe ist das Glück.

Adelbert von Chamisso

27

Lasst uns dankbar sein gegenüber Leuten, die uns glücklich machen. Sie sind die liebenswerten Gärtner, die unsere Seele zum Blühen bringen.

Marcel Proust

29

Das Größte und Wunderbarste ist das Einfachste.

Walther Rathenau

Der Wunder höchstes ist, dass uns die wahren, echten Wunder so alltäglich werden können, werden sollen.

Gotthold Ephraim Lessing

Ein schlafend Kind! O still! In diesen Zügen
könnt ihr das Paradies zurückbeschwören;
es lächelt süß, als lauscht es Engelschören,
den Mund umsäuselt himmlisches
   Vergnügen.

Eduard Mörike

Es ist nichts reizender, als eine Mutter zu sehen mit einem Kinde auf dem Arm, und nichts ehrwürdiger als eine Mutter unter vielen Kindern.

Johann Wolfgang von Goethe

35

Güte in den Worten erzeugt Vertrauen;
Güte beim Denken erzeugt Tiefe;
Güte beim Verschenken erzeugt Liebe.

Laotse

37

Das ist die wahre Liebe,
die immer und immer sich gleich bleibt –
wenn man ihr alles gewährt,
wenn man ihr alles versagt.

Johann Wolfgang von Goethe

Textauswahl: Camilla Petri

Bildnachweis:
Umschlagbild: Ch. Palma
Innenbilder: S. 5, 29: W. Rauch; S. 7, 11, 17: G. Burbeck; S. 9, 31: L. Bertrand; S. 13: G. Weissing; S. 15, 39: V. Rauch; S. 19: TPC/IFA-Bilderteam; S. 21: W. Heidt; S. 23: W. H. Müller/Geduldig; S. 25: G. Hettler; S. 27: P. Santor; S. 33: W. Köhler; S. 35: A. Will; S. 37: W. Stettmeier

Die Deutsche Bibliothek – CIP-Einheitsaufnahme

Für Mutter. – Lahr : SKV-Ed., 1999
   (Kleiner Freudenbote ; 94152)
   ISBN 3-8256-4152-X

Kleiner Freudenbote 94152
© 1999 by SKV-EDITION, Lahr
Gesamtherstellung: St.-Johannis-Druckerei, 77922 Lahr
Printed in Germany   6397/1999